JN437409

향내 가득한 촌가

향내 가득한 촌가

1쇄 찍음 / 2007년 9월 22일
1쇄 펴냄 / 2007년 9월 27일

글 · 사진 / 고운석
펴낸이 / 김태봉
편 집 / 황은진, 김주영, 정종해, 김미란
마케팅 / 박상필, 이준혁, 김명준
등 록 / 제4-414호
펴낸곳 / 도서출판 띠앗
(143-200)주소 / 서울시 광진구 구의동 243-22
전화 / (02)454-0492, 팩시밀리 (02)454-0493
HomePage http://ddiat.co.kr
E-mail ddiat@ddiat.co.kr
값 8,000원
ISBN 978-89-5854-050-2 03810

향내 가득한 촌가

고운석 시집

시인의 말

도심의 울타리 속에 살면서도
하루의 흐르는 시간 속에 휴식을 알려주는
노을이 눈에 닿아 올 적마다 가끔은 어릴 적
개구쟁이로 놀던 그때가 마음 깊은 곳으로
가득 채워집니다.
까아만 밤 속에 잊혀진 듯하지만 이내 밝아옴이
잠시 생각을 멈추게 합니다.

언젠가는 되돌아가고 싶은 이곳을 지난날 티 없이
맑고 밝게 자란 개구쟁이들이 시야에 머물고 있으며
그림 같은 풍경에 작은 변화가 있을지라도 지금은
자연을 그대로 옛 흔적을 머릿속에 떠올릴 수가 있는
기억이 남아 있기에 풍요로운 이 가을은 그저 좋아서
덩실덩실 춤을 추고 싶습니다.
그리고 새로움으로 다가올 인연으로 맺어질 분들과
또한 저를 기억하여 주시는 모든 분들께 감사드립니다.

고운석

목 차

향내 가득한 촌가

자연을 닮은 사진, 자연을 품은 향기...

그 이야기 속으로...

향내 가득한 촌가

깊은 산마을
토담집 창 너머엔
엉클어진 푸른 하늘과
들녘을 가득 메운
저 들꽃은
어김없이 이곳에 다시 살아나서
가끔 누리고

이리저리 노니는
작은 곤충들도
저렇듯 예쁘장한 날갯짓으로
어느 누구도 반겨 주는 이 없는
아름다운 세상을
이름 모를 들꽃 향기에
만취되어 춤추고
노래 부르며
그들은
자연의 섭리대로 살아간다.

그 대

숨겨진 힘겨운 요구는
그냥 멈출 줄 모르는 시간 속에서도
사무친 이 마음은
어여쁜 꽃망울로

아침엔
이슬 맺힌 물방울처럼
어둠이 오면
슬픔 서린 별이 되어
무던히도 가슴을 태우던
너를 생각하며

오늘도
넓은 대지 한 모퉁이에 누워
비슷한 모습이 보여질 것 같아
가끔가끔 바라보지만
어느 한 자리에도
그녀는 머무는 곳이 없어라
소리 내어 불러 보곤
마음의 평화를 찾으려 합니다

그대
그리운 사람이여
지금쯤 얼마나 변했을까.

꽃향내

깊은 곳 웅크리고 숨어있던
분홍빛 향기
연약한 꽃잎을 헤치고 밖으로 튀어나와
온 동네 향내음으로 뒤덮인
기쁨을 맛볼 수 있는 자연은 싱그럽다

실컷 들이마시니
살갗 속으로 스며드는 듯
보이지도 만질 수도 없는 강한 힘은
너울너울 춤추며
산들바람 타고 넓은 들녘을 누빈다

늦은 봄이 가는 길목에
흐르는 세월이 못내 아쉬워
햇살은 살그머니
꽃각시 분홍빛 볼 다독거리며
향냄새 실은 바람은 미소 짓는다

온종일 세상 나들이에 지쳐
해질녘 붉은 쉼터 찾아
창문 틈 사이로 몰래 스며든 꽃향기
그리운 사람 소식 담아
귓가에 속삭임으로 기쁨을 남겨 준다.

소 망

즐거우면
꽃처럼 활짝 핀 웃음을
슬픈 땐
진정 서글픈 모습을 지닌
그런 사람으로

받은 은혜 베풀며
남을 돕고 살려는
따스함 깃든 마음이
항상 변하지 않는
그런 사람으로

밝게 비추는 보름달
밤하늘에 은하수 흐르고
별들이 잔치할 땐
언제나 기도하는 마음으로
한 번의 행동에도
후회하지 않으며
한 점 부끄러움 없도록
매일 반성하며 살아가려는
그런 사람으로.

이 봄엔

희망처럼 다가온 봄을
시새움하듯
차가운 길손은
기웃기웃하다간
길목에 잡아 두려
오랜 시간 애를 쓰나 보다

허나 이 계절엔
모든 생명들이
싱싱함을 뽐내고파
온 누리 파릇파릇
소리 없이
개울가를 지나는
맑은 물
봄이 오는 문턱을
나그네는 살며시 포기하고

자연을 느끼며
섭리대로 살아가기를
우리 모두 원할 때
더 없는 행복과
값진 삶이 지속되리라.

계절의 힘

은빛 날리듯
싱그런 봄을 알리던
산수유는
초록색 갈아입고
어느덧 제 몫을 다하였나 보다

계절의 풍만함 속에
노랑 물감 듬뿍 풀어놓은
개나리도
듬성듬성 남은 꽃잎을 날려
제 몫을 다하여 애를 쓴다

바뀌려는 문턱에서
아름다운 자태를 슬그머니 감춘
복숭아꽃이
열매를 맺으려는
아픔을 견디고 있구나

주어진 환경과
더러움을 불평하지 않은 채
대지의 구석구석
옹기종기 모여
당당한 모습
뽐내고 향기 뿜어내는
들꽃은 더욱 아름답다.

소녀

해맑은
삶을 엮어가는
도심의 공간에
홀로 서 있는 소녀여

세월을 망각하는
계절의 갈림길에서
잠시 여장을 풀고
여기
진한 우윳빛 한 잔을 들으오

차가운 바람이
옷깃을 여미게 하고
하얀 눈 내리는 날
너랑 나랑 친구되어
화석처럼 응고된
숱한 대화들이
머무는 곳
그곳으로 가자꾸나.

初春초춘

차가움에 싸여
궁상스럽게 웅크린 몸을 헤치고
힘들여 기지개를 펴
한 겹 한 겹 벗겨진 알몸을
드러낼 때
넓은 대지 위에는 희망으로 되돌아온다

목마름 채워 주려는
가느다란 햇살에
꿈틀거리는 온갖 무리들
푸르름 머금고 살아가려는
새싹들이 부럽게만 느껴진다

세파에 물들지 않으려
이들과 함께 살아가는
촌로의 가슴엔
희망 부풀리는
마르지 않는 작은 샘이련다
힘 솟는 이른 봄날은.

오늘은

차가움 깃든 햇살 속에
향내음 가득한 바람 사이로
저만치서 밀려오는
가장 작은
티 없는 낙엽처럼
부끄러워 깊숙이 숨겨온
갈색빛 웃음 지닌 얼굴
온 무리 하얀 눈꽃보다 더한
행복스러움으로
어느 해 열기보다
따스함 서린
사랑 이야기를
님아
오늘은
주저하지 말고
나를 위해 털어놓으렴.

초록색 香氣향기

펄펄 날며 뽐내던 하얀 눈발이
한동안 주인처럼 소유하던 계절을
산기슭에 핀 버들강아지에 놀라
그만 자리를 내주고 슬그머니 밀려났네요

그립고 반가운 사람 찾아올 것 같아
북풍 막으려 내내 잠가둔
장호지 붙인 대나무살 쪽문을 열어 보니
모진 추위에 견디며 지탱해 온 생명체

단단한 대지를 쪼개어 얼굴을 내민
무엇과도 바꿀 수 없는
생동감은 초록 물감으로
온통 아름답게 색칠하여 놓았습니다

새싹들로 채워진 넓은 공간 여백에
소망을 새기어 넣고
잊혀진 애틋한 사연 실려 올 때
봄의 향기는 남풍 타고 파도처럼 밀려옵니다

삶 속에 계절의 작은 변화는
인간의 참모습을 되찾을 수 있기에
당신이 행복을 가득 담아두면
마음은 풍요로워질 겁니다.

情정

자꾸만 멀어져 가는 아쉬운 기억
작은 가슴에 멍울로 남아
거대한 산처럼 우뚝 선
님은
문뜩문뜩 보고픔으로 남는다

낙서장에 그려 논 얼굴은
옛 모습은 아닌 듯하지만
마음 한구석에 걸린 가시처럼
옛정으로 변하여
아름다운 지난 시간을 생각 키운다

보고픔이 쌓여
강물에 살그머니 띄워 보내니
수평선만 보이는 바다에 닿아
그리움은 하얗게 치솟는 파도 되어
못 견디게 아픈 마음을 달래준다.

그 사람은

오랜 기억 속에 머문
슬픈 미소 드리워진
추억을 되새기며
옛일 때문에
핑크빛 가슴은 눈물을 적시었나 보다

초조도 불안도 아닌
까맣게 변색된 이 밤
못 견디게 안타까운
기다림은
이내 아물지 못한 상처로 남아
우수에 담긴 눈물을 흘렸나 보다

밝게만 비추어 주는
달님아-
아름다운 그때
그리운 그 시절
내 마음속 깊이 담아둔 사연을
한 번쯤 전해 주려무나

쉽사리 감정에 싸여
멀어져가는
너의 안타까운 모습에

너의 안타까운 모습에
하소연하듯
그 호롱불은
이 긴 밤을 온통 지새우나 보다.

봄 편지

초록빛 물감 칠한 햇살
향내 가득한 남풍
못내 그리운 얼굴은
새 희망을 한 아름 안겨주는
봄의 빛깔입니다

가장 청순한
꽃향기의 향연
향내 나는 깊은 마음속
고동소리까지 듣고 싶은 오늘
새삼스럽게 잊혀진
보고 싶은 얼굴이 떠오릅니다

흘러간 시간
지금쯤 많이도 변했을 사람
소곤소곤 속삭이고
분홍빛 마음 베풀며
살아가는 인자한 모습으로 옮겨봅니다

꽃향기보다 더 좋은 하루
기쁨 가득한 오늘은
정말
정말 좋은 날
행복스러운 날
오늘도 당신께 좋은 일이 있을 것이오.

나들이

들꽃은
안개 속에 숨어 사는 것이 싫어
울타리 밖을 내다보더니
예쁜 몸매 뽐낼 욕심으로
화려한 외출을 준비하고
몰래 울타리를 벗어난다

풀꽃은
잠시 머무적거리다가
여린 꽃잎을 활짝 펼쳐
무지갯빛 향기 한 아름 담아
사뿐사뿐 나르는 나비되어
아름다운 세상을 구경 간다

넓은 대지 위에
풀 냄새 물씬 풍겨올 때
뜨거운 태양빛은 꽃부리에 부딪치고
긴 잡초 속을 걸어가는 발길은
새롭게 보이는
꾸밈없는 세상은 아름다움이어라.

歲月세월

흘려보내지 못할
고향의 향취
기억 속에 머문
웃음 한 아름 안겨 줄
정든 이
지금도 숨 쉬고 있으리라

오랜 삶을 지새우며
잊지 않으려
순박함 간직한
사랑하던
환한 미소들

설령 금방 되돌아갈 수 없는
그곳엔
긴 세월이 지난 오늘도
언제나 퇴색치 않은
싱그런 사람들은
오래도록
사랑이 풍만하리라.

이슬비 오는 날

살며시 어둠 깃들어
이슬비 내리면
남몰래 속삭이던 고향 풍경 그려
너에게 보내고 싶다

거미줄 타고 흘러내리는 빗물 같은 그리움
마음속 깊은 곳에 웅크리고 있는
퇴색되어 가는 기억
하늘은 하나이건만
너와 네가 살아가는 시간은 다르구나

비를 맞으며 뜨거움을 느낄 때쯤
목마른 사람으로 홀로 서서
심한 갈증을 해소하길 바라는 것은
진정 나 하나뿐만은 아닐 터이지만…

풀빛 붉게 물들고
이슬비 오는 날
그림 같은 아름다운 고향 풍경 그려
너에게 보내련다.

사랑을 나누면

내게 생각나는 사람이 있다는 것은
나눌 수 있는 사랑의 소리를
띄워 보낼 수 있기에
마음은 즐거움으로 가득 채워진다

그리움을 느끼게 하는 사람을 위하여
두 손 모아 기도를 할 수 있기에
작은 가슴 안에 숨겨 놓고
살며시 들여다보면 행복하다

오늘 하루를 그 사람이
평화스럽게 보냈다면
그것만으로도
만족감을 느낄 수 있어 나는 좋다

사랑은
신이 인간에게 베풀어준 큰 선물이며
나눌 수 있는 사랑이 있다는 것은
세상에서 가장 멋지고 아름다운 것이다

강물처럼
물결처럼
끝없이 흐르는 사랑은
몰래 숨겨둔 보석과도 같다.

사랑

빨간 종이 위에
내 마음 그리려 하는
이야기 있음은
네가 간직하고 있는
소중한 고백 있음이어라

오늘도 그제처럼
가까이 다가와
사투리 섞인 속삭임 있어
희망처럼 알알이 영근
너의 고귀한 사랑 있음이어라

기다리면
어찌할 수 없는 모습으로
가까이 다가와선
풀썩 주저앉아 풀석
안타까운 얼굴 마주보며
넓은 맘 쉴 수 있다기에
서두르지 않는 널
오래도록 사랑하리라.

새 마음으로

거짓말
무질서
모함
미움
부정
불신감
시기심
아부
오만
위선
욕설
이기심
자만심
투기
내 잘못을 모르고
남의 고통을 헤아리지 못하는 마음

나의 마음
나의 행동에서 벗어던져야 할
이 모든 것
철상자에 차곡차곡 담아
몽땅 버리고
포근하고 사랑하는 마음으로
희망찬
새날을 맞이하렵니다.

夜中야중

붉게 타오르며 당당함을 뽐내던 태양
노을 남겨놓고 숨어버리니
어김없이 찾아오는 밤하늘에
별들의 세상이 성난 파도처럼 밀려오고
저항할 수 없는 가슴은 긴 어둠 속에서
하루의 작은 행복을 맛볼 수 있는
포근한 안식처가 기다린다

어두운 밤의 틈새에서
힘든 삶에 지친 육체가 안도의 숨을 쉴 때
영롱한 밤은 나와 하나가 되어
언제나 예쁜 마음을 간직하며 살고 싶다는
간절한 작은 소망이 이루어지는 밤이다

길고 어두운 터널을 헤치고 질주하며
멀리서 울어대는 가느다란 기적 소리
잠시 자장가로 변하여
욕심의 굴레를 벗어날 수 있어
이 밤이 포근해질 수 있으리….

억새풀 추억

빛바랜 은빛 억새풀
햇님 여행길 따라 변해갈 때
풀벌레 사랑소리 음률 되어 들려오고
수확의 기쁨을 안겨주는 시월은
모두가 시인이 되고 싶은 좋은 날이 가득하다

붉은 노을 속에 반사되는 억새풀길 거닐 때
초록빛 풀잎 위에 발자국 남겨 놓은 흔적을
욕심 부려 애써 찾으려 기웃기웃
자유 잃은 가슴은 마구 두근거려
깊은 숨 내뱉으니 살며시 얼굴에 부딪치는
실바람이 간지러워 뒤돌아보면
지나온 곳에 그리움만 가득 쌓여 있다

억새풀 춤추는 이야기
귓가에 살짝 스쳐가고
나뭇잎 속삭임이 시끄러워 잠시 멈춘 자리엔
추억어린 흔적이 되살아나
어둠이 깃든 보금자리에도
모여진 그리움은 참으로 아름답게 남아있다.

촌 가

탐스런 석류 활짝 웃고
머리 숙여 주인 기다리는 수수
잡초 속에서 잠자는 누런 호박
농부 곁에서 기쁨을 맛보는 벼들도
되짚어 온 가을을 반긴다

짙은 파란 하늘에 떠있는
구름 한 조각
입 안에 가득 담아
낙엽 밟고 서서
하늘을 쳐다보니
창공을 훨훨 날고 싶어진다

익어 가는 계절이
오랫동안 멈추어 있기를
소망하는 가을날은
피고 지는 꽃이 아니라
아름답고 붉은 노을을 가진
은은한 향기 뿜어내는
한 송이 들국화로
따스한 온기를 뿜어내는 계절이다.

지금쯤

살포시 안개 드리워져
포근함이 함께 하는
내 고향 그곳엔
노오란 낙엽
새들의 지저귐
그리고
풀벌레 소리와 더불어
다시금 찾아온
이 가을에도
풍성함이 주렁주렁
온통 노랗다 못해
붉게 물들여
오가는 이에게
향내음 많이도 적셔 드리고
남은 향기
이곳에도
한 아름 풍겨 오리라.

가을 여행

진한 남색
뭉게구름 하늘에
기억으로 남아 있는
세 글자 이름을 새겨놓고
마음이 달려가는
그 이름 불러본다

지난날 약속된
행복이
다가올 것 같은
환상은
순한 계절의 이슬처럼
살그머니 사라진다

갑자기 뭉클해진 가슴에 맺힌
하얀 물방울이 자꾸만 쌓여가니
향내 짙은 가을은
데굴데굴 구르는
가랑잎처럼
떠돌다가 가버린다.

은빛 가득

까까머리 개구쟁이일 때
밤하늘 깊은 곳에 온통 은가루 가득
별들은 춤추고 노래하는 놀이동산
어떤 별은 그냥 조용히
모난 별은 영롱한 빛을 터뜨려
휘젓고 다니며
은꽃 놀이하는 것을 보았습니다
꾸벅꾸벅 졸고 있을 때
어린 마음에 꿈을 담아 놓고
슬그머니 사라져버린답니다
하얀 머리카락 하나 둘
지금도

어둠은 예전처럼
은빛 세상은 그래도 변하지 않은 채
주어진 시간은 최대로 활용하여
이 세상 모든 사람에게 희망 심어주고
작은 소망도 들어줍니다
초롱초롱 빛나는 눈망울을 가진 아이들
희망 심어줄 수 있게
조금은 퇴색되었을 은가루
더욱 반짝반짝 빛나도록
마음으로 닦아 놓으렵니다.

이곳이 좋아라

작은 들꽃 향기 있는
좁은 도랑 타고 어우러지는
논두렁 따라 들녘 속에 묻힌
옛 모습 간직한 마을 시야에
가득 들어오면
흙냄새 풍기는 곳이라는 이유만으로
가끔
포근하게 반겨줄 정든 사람 보고 싶어 찾는다

언제나 하얀 뭉게구름 섞인 파란 하늘
오랜 친구 반겨주고
온기 서린 웃음 가득한 동네
이곳에서 그리운 이 거니는 뒷모습을
숨죽여 훔쳐본다

흐르는 시간 묶어둘 수 없어
붉게 물들인 서산에
잠시 머문 해 보여지니
옹기종기 모여 있는 굴뚝엔
갈대 타는 소리로 가득
우리 어머니 삶 속속들이 닮아 있다

송알송알 지난 세월
그러했듯이
고스란히 담긴 자연 색깔 향기 속으로
오십 줄 매어 두고파서
도시 속에 찌든 케케묵은 때
훌훌 벗어던져 버릴 수 있기에
이곳이 좋다.

추억

헤어지고 나면
지난 이야긴 뒤로 미루고
다시 한 번 기쁨만을 돌이켜 보자
앞날에 다가올 행복을 위해
헤어지지만
서로의 잘못은 감추어 두고

먼 날-
아름다운 추억일는지
아님
슬픈 이야기가 될지 모르지만

눈물 가득 담아 헤어지면
그 뒤엔 웃음 머문
기쁨이 있다는 꿈같은
행복한 모습으로 다가왔을 때
우린
두 손 모아 기도하자꾸나.

結實결실

계절의 틈새
황토빛으로 변한 거리는
온갖 생명체들이
사랑스럽게만 보여진
살아 숨 쉬는 쉼터

고운 옷 걸치고
제멋대로 생긴 모양
인간에게 결실을 넘겨주는
희생은
아름답기만 하구나

섭리대로
때를 기약하며 생을 접어 둔
식물의 생육 과정처럼
본받을 수 있다면
거짓은 난무하지 않을 터
미움
시기 속에 살지 않으려니

삶을
한 번쯤 되새겨 봄직도 할진데.

마음의 풍요

차가운 바람이
옷깃을 여미게 하는
새벽녘
창문 흔들림 소리에
얼굴을 비벼대니
뽀얗게 내려앉은
안개 사이로
한 아름 풍겨 흘러오는
싱그런 가을 향기 속엔
힘들게 울어대는 벌레 소리
바뀌는 계절이 아쉬워

목 놓아
지저귀는 새들의 합창
모두가
우리 삶 속 깊이
향긋함을 더해 주니
언제나
좋은 날 올 것 같아
이 아름다운 날
너와 더불어
오래도록 살고 지고.

11월의 풍경

11월의 대지는
숨을 멈추고
미래의 희망을 기다리며
휴식을 취하려나 보다

지난 밤 내린 된서리에
꼼짝없이 얼어붙은 땅
찬바람에 넘어지지 않으려
후한 인간의 정 때문에
온 힘을 다해 지탱하려는 말라버린 옥수숫대

산새들의 먹이로 남아 덩그렇게 매달린 붉은 감이며
어린아이 노리개
가오리연이 하늘을 날고
반가울 땐 꼬리를 흔들어대고
낯선 이 오면 짖어대던 바둑이가 들판을 뛰어다닌다

계절이 다시 바뀌면
인간의 도움 없이 살아남은 생물
기지개를 활짝 펴고 꿈틀거릴 때
가득 채워 주리라.

삶

어느 가을날의
슬픈 기억도
즐겁던 추억으로
담아두고 살아가련다

어루만지듯
잔잔하고
한 아름씩 조각난
구름은
꿈을 실어 나르는
가을의 따스한 햇살이
가슴 깊은 곳까지 내려앉는다

남은 삶
빈자리를
보람되게 채워가며
이젠
쉬엄쉬엄 살아가련다.

玲령아

까아만 밤의 흐름 속에
별과 속삭이면서
너의 모습을 그려본다

하얀 눈 위를 밟고
소원하는 마음 자세로
옛일을 향하여 눈을 감으면
아련히 퍼져 오는 건
밝게 웃음 짓는 너의 모습과
미풍 속에 오간 밀어뿐

이 모든 걸 다 잊고
빈 몸매로 달려가면
마주쳐 밀려오는 것은
역시 너의 희미한 흔적이어라

되살아 가야 하는 이 밤에
언젠가 피워야 할
가난한 소망을 키우며
오늘도
파아란 꿈의 나래를 펴보련다.

大地대지

처마 끝 고드름이 풀리는
이른 새벽부터
추운 겨울밤까지
거친 땅 기름지게
갈고 심으며
가꾸고 거두는 일
마다하지 않은 결실은
농부님들의
우직한 힘과
땀의 대가이어라
삶을 지탱시키려
생명력 부어주는
그 고마움에
그 부드러움에
온 마음을 다해
감사하는 마음 보내 드리오리다.

자연의 숨결

추위에 부대끼던 하루
어둠 짙게 내릴 때
하늘과 땅은 두 개로 갈라지고
칠흑 같은 어둠이 찾아들면
별들은 반짝반짝
노래하고 춤추며
뽐내기에 바쁜 별빛 아래
내가 숨을 멈춘다 하여도
세월은 거침없이 흘러간다

붉은 볏 세운 수탉 울음소리에
어둠은 흩어지고
천상만태 존재하는 곳
다시 새벽은 밝아온다

떠오르는 태양은
어제처럼 그 모습 그대로
여기저기
빈자리 메우고 채워
멈춘 숨 되쉬도록
희망 실은 아침을 가져다준다

깊은 동면에서 깨어나려
묻혀 꿈틀거리는 생명
이들 새 생명에 힘을 더해 주려
햇님은 오늘도 따스한 얼굴을 내민다.

눈 내리는 날

회색으로 뒤덮인 하늘
눈 내리는 날
작은 울타리 안을 가득 메우려
차곡차곡 쌓이는 눈
몰아치는 차가운 바람도 잠시 멈춘다

복이 쏟아지는 온종일
아름다운 기억은
꽁꽁 얼어붙은 땅도 녹일
한없는 너그러움을 지닌 어머니는
겨우내 자식 생각으로
이 계절을 박찬 가슴으로 보낸다

떡쌀가루 같은 하얀 눈
을씨년스럽게 남아있는
삭막한 도시 공간보다
둥글게 모여 사는 고향엔
초라하지 않으면서도
훈훈함이 향기처럼 맴도는 동네
복으로 가득히 채워진다

눈이 내려 좋은 날
멀리서 꿈틀거리며 깨어나려는
봄이 오는 기억 속에
산새들도 모여 앉아 노래 부르며
먹이 찾아 가시덤불 사이를
쉴 새 없이 넘나들 때
오늘 속으로 눈바람 한줄기 스며든다.

가을풍경

촌가 굴뚝 사이에 내리는 햇살은
쉴 곳 찾는 바람을
흔들어 놓고 심술부릴 때
뭉게구름 품고 있는
파란 하늘
가을 냄새 풍기며 나들이 나간다

꼬리 물고 짝지어 있는 산
울긋불긋 색동저고리 입고서
솔잎 붓으로
가을 풍경화를 그리며
색깔 냄새 짙게 뿜어낸다

여행하는 구름은
향기에 취한 채 흔들흔들
붉게 물든 저녁노을 속에 멈추고
내일이면
낙엽 냄새가 좀 더 가까이 다가온
수정 같은 가을 아침을 볼 수 있으리라.

水晶수정처럼

사람이 하늘만큼
맑은 수정처럼 보일 때가 있다
그땐
나는 하늘 냄새 때문에 취해 버린다

파란 향기인지
초록빛 향기인지
어느 색깔의 냄새인지는 몰라도
누구나가 마음속에
간직한 향긋한 내음

세상 사람 모두 모두
하늘 향기 맡으며
오래도록 살았으면 좋겠다

그리고
하늘의 맑은 향처럼
너도나도
깨끗하게
맑아지도록….

내 친구

내 친구 정수는
머리를 들어야 능선이 보이는
높은 산으로 둘러싸인 곳에서
어머님 모시고 딸아이와 함께
맑은 공기 가득한 조용한 마을에 산다

늘 열려있는 문 밖에는
송사리 떼 노니는 개울물 흐르고
논밭으로 채워진 마을은
웃음소리 들려오는 그림 같은 동네이다

봄이 오면
벌거벗은 과일나무 옷 갈아입고
여름엔
대바구니로 붕어, 미꾸라지 잡으며
가을은
온 동네가 익어가는 감과 터지는 밤송이들
겨울에는
함박눈 소복이 쌓이면
부엌바닥에 묻어둔 밤栗 아궁이에서 춤을 춘다.

지금 들녘엔

매섭게 후려치던 북풍이
고개를 숙인 탓에
방향을 잃은 바람
얼굴은 살짝 건드리며
조용히 산모퉁이로 빠져나간다

햇살 내리쪼이는 양지 쪽에선
겨우내 숨죽여 움추린
민들레, 쑥, 냉이
슬그머니 고개 쳐들고 내밀어
세상 구경하느라 정신이 없다

산과 들에 봄이 찾아온다고
기뻐하는 진달래, 개나리꽃이 반겨주는데
한가로운 얼룩무늬 송아지
파릇파릇 여린 잎 뜯으며
나그네를 힐끔 쳐다보고 뛰논다

송아지에 밟힌 새싹들은
그래도 남의 탓 잊은 채
그들은
몸을 추슬러 다시 일어나
푸른 세상을 즐겨 노래한다.

그리워

가슴에
못 다한 사연
품고 묻어 움켜쥔 채
그리움 가득 담아 둔다고
내 님이 올 수는 없겠지

옛일
모두 되돌아보며
신랑 각시
사랑 이야기 기억해 낸들
내 님은 찾아오진 않겠지

남몰래 숨어
눈물로 지새우며
꼭꼭 스며드는
아픔을 참고 참아도
내 님은 보여지지 않겠지

멈추지 못하고 흘러간 세월
인내로 견디며
기다릴 수 있음은
존재하는 것만도 축복이기에

지금도
그림 같은 환상의 나래를 펴본다

생긋 웃음 띤 너의 모습
소중히 간직할 때
예쁘게 반짝이는
보석으로 변하여 남으리.

황혼

파란 하늘 사이 흩어진 구름은
달콤한 작은 사연 그려놓고
새날 기다리는 속삭임 실어 춤을 춘다

감미로운 선율에 묻힌
황토빛으로 수놓은 신작로 위엔
우뚝 서 있는 긴 그림자만 남아있다

하루 일을 끝낸 태양은
붉은 얼굴이 부끄러운 듯 감추려
거친 호흡을 몰아쉬고
가려는 길을 재촉하며
서둘러 아쉬움을 남긴 채 숨어버린다

외로움에 몸부림치다가 돌아누워 버린
뒤엉킨 수많은 단풍잎은
짙은 황색으로 이름 새겨 놓은 채
어둠 속에서도 자꾸만 내려 쌓인다.

이 가을엔

뜨거움으로 얼룩진
땀 섞인 결실로
곡식이 여물어 감을 바라보며
까맣게 그을린
환한 웃음 띤 얼굴로 그려봅니다

이웃사촌과 더불어
살아가는 기쁨과
따뜻하게 감싸주는 마음
가득가득 채우는 때인가 봅니다

앞과 옆집, 뒷집
건너마을 순이네
동구 밖 개구쟁이 친구에게
사랑 섞인 말 한마디
아끼지 말아야 할 때입니다

뜨거운 가슴을 활짝 열어
나누는 삶, 기쁨의 나눔으로
우리 모두 얼싸안아
이 가을에 풍성함을
새삼 고마운 사람들을 생각해 봅니다.

山산

울퉁불퉁 멋대로 생긴 산
계절의 변화 속에
때맞추어 예쁜 옷 갈아입고
온종일 뽐내어
사람들 마음에 기쁨을 준다

낮엔
햇님과 이야기하고
밤엔
달님, 별님에게 속삭이며
세상 살아가는 이야기 나눈다

산은
묵묵히 위엄 간직한 채
맑은 향기 듬뿍 내뿜어
삶에 지친 이들의 휴식처라
모두가 좋아하는 곳이다

산 아래
낮은 지층에 흐르는 물 마시고
감추어진 마음의 때 씻고 나면
솜털처럼 부드러워져
가벼워진 마음은 하늘로 날아간다

산은
세상이 바뀌어도
자연의 섭리에 순응하는
절개 같은 아름다움을
나는 오래도록 닮아가고 싶다.

편지

목이 아프도록 불러보고 싶은 사람
낡은 공책 한 장에 글로 새겨져
많은 시간이 지나간 세월
푸른 제복으로 묶여 생사고락을 함께 했던 사람들

오늘도
바위의 단단함처럼
넓은 세상에서 필요한 제목으로 남아
옛 모습 그대로 간직하며 살아가고 있으리라

혹시나 햄(HAM)이 되어
전파에 목소리를 실어 보냈을지도 모르는
서울의 천수, 제주도 성영, 경상도 선복
전라도 상문, 그리고 유환, 원탁, 오대…
지금쯤 얼마나 변했을까?
크게 불러봅니다

풍요로운 이 가을
생각나는 보고 싶은 사람에게
글로 가득 채운 한 장의 엽서를 띄워 보내면
받는 이의 마음은 기쁨이 몇 배 더할 터
잊혀진 그 사람들을 되돌아보며
잠시 마음을 열어 소식을 전해보고 싶습니다.

回想회상

내 고향 내음 가득한
시골길
정다웠던 그 길에
넌 이만큼 걸어오고
난 저만치 걸어갔다

그리움 가득한
오랜 친구여
너무도 변했을 모습, 모습들
옛일이 못내 아쉬워
허공 속에 불러본다.

나 눔

찬 서리 내리는
초겨울 문턱
하늘이 그러하듯이
존재하는 모든 것이 깨끗합니다

하늘을 찌를 것 같던
가지가지마다
홀가분히 옷을 벗어버린
여기에
사랑으로 노래 부르던
이름 모를 산새들의 분홍빛 흔적
잊혀져 가고 있습니다

비워 둔 오솔길은
바람에 쓸려
낙엽 소리만 가득한 채
뒤쫓아 오는
계절을 맞이하려는 양
힘겹게 잡아 둔 발목을 놓으려 하네요

모질고 궂은일
침묵으로 참아 가며
차가운 계절에 닿아선
소유한 모두를 나눔으로
사랑을 풀어놓고 숨어 버린
존재하는 대자연은 아름답습니다.

우리는

우리는 삶의 긴 여정을
사랑과 미움으로
낮과 밤을 반복하며
짧게 스쳐간 이들과
오랜 시간을 사귄 사람들
이렇듯 오가며 맺어진 인연의 끈을
만남 그리고 헤어짐 테두리 안에서
정을 한 아름 안고 살아간다

기쁨과 사랑은 간직하고
미움과 증오는
마음의 상자 속에 가득 채워
온 세상이 하얗게 뒤덮여지기 전에
땅속 깊이 파묻어
먼 후일 지난날의 그리움으로 변했을 때
기쁜 마음의 평화가 찾아온다

온갖 번뇌는 잠시 접어두고
하늘에서 어지럽게 춤을 추며 내려오는
눈꽃송이에 마음을 실어 여행을 하다 보면
누군가를 사랑하게 되어 세상이 아름다워진다.

행복은 마음에서

차가움은 가득
옷깃 단단히 여미고
입김을 하얗게 내뿜으며
소복이 쌓인 눈 위를 밟고 가면서
좋은 생각을 하면 하루가 즐겁지만
화가 난다고 꽁꽁 얼어붙은 길
홧김에 걷다 넘어지면
엉덩방아 찧어 자기만 손해
혹 못 견디게 화가 치밀어
마구 부수고 싶은 충동이 있어도

한 번쯤 참고
참아
또 참으며
하늘하늘 뭉게구름 사이
나비처럼 가볍게 날아가는 마음으로
가슴속은 맑은 시냇물 되어
미운 사촌 예뻐 보이듯
웃음으로 마무리할 때
새로운 희망찬 내일이 밝아오려니.

고향의 소리

쓰르렴 쓰르렴 –
맑은 소리
시끄러운 듯 시끄럽지 않은
그 소리는
모든
착한 심성을 지닌 이들에게
희망과 그리움 안겨주는 소리

쓰르름 쓰르름 –
푸른 소리
크게 들려오는 듯 크지 않은
그 소리는
여기
아름다운 마음을 가진 이들에게
기쁨과 행복 안겨주는 소리

찌이 찌이이 –
힘찬 소리
곁에 있는 듯 멀지 않은
그 소리는
우리 모두
참 사랑을 간직한 이들에게
고향의 향기 흠뻑 적셔 주는 소리

찌이 찌이이 –
긴 울음소리가 그칠 줄 모르고
귓가에 맴돌아도
왠지 싫지 않은 그 소린
오래도록 듣고 싶은
정겨운 울음소리이어라.

연가

푸른 계절에
그는
가난이라는 이유를 핑계 삼아
사랑의 약속을 접어둔 채
새벽안개 사이로 몰래
흔적도 남겨 놓지 않고
그렇게 떠나가 버렸다

산새
풀벌레 모여서 노래하는
싱그런 풀 냄새 가득한
평화스런 계절이 다시 찾아오면
그는
그리움이란 아픔을 되돌려 주고는
또 그렇게 떠나간다

살그머니 떠나버릴 남겨진 계절 속에
막힌 가슴을 활짝 열어
아름다운 기억만을 골라
웃음 만들어 한 보따리 가득 채우고
흉터처럼 남은 얼룩진 옛일은
커다란 풍선 안에 모두 담아
불어오는 초록색 바람에 띄워 보내련다

잊을 수 있으리라고 –

옛 일

꽃향기 그윽한 오솔길 걸으며
되새겨 보고 싶은
지난날의 아름다운 모습들

사랑하는 마음으로
자연의 내음을 물씬 맡을 수 있는
꿈 많던 어린 시절

그리움에 젖은 넓은 마음속에
소망의 나래를 펴고픈
그 마음이 살아있는
동심의 누리로 가고프다.

바람이 분다

남쪽의 가벼운 바람이 분다
잠시 멈추었다가는
때론 강하고 약하게 바뀌어 불어오지만
이따금 세차게 바람이 몰아치면
계절의 소식을 빠르게 알려주던
울타리에 늘어진 노란 개나리 꽃잎이 쏟아진다
꼭 붙들고 있으면 예쁜 모습 그대로 남으련만
가끔 봄을 샘하는 바람과
초록 옆에 밀려 어쩔 수 없었나 보다

계절을 넘나드는 햇살은 변하지 않았는데
아름다움을 그냥 두지 않으려는
시기심은 어느 곳에서나 존재하고
인간의 마음에 평온을 가져다준
개나리 꽃잎의 무리가
바람결에 흔들흔들 춤을 추고 돌아가는
아쉬움을 털어 버릴 수가 없어
다시금 찾아올 기다림의 마음을 간직해 본다

또 바람이 분다
과거보다는 미래 속에 담겨진
희망을 동반자로 곁에 두고
시야에 비추어진 모든 것을 사랑할 수 있을 때
삶은 아무렇게나 살아가는 것이 아니라
자신이 선택한 만큼
기다리는 겸허한 마음이 필요하다.

향 수

내 고향 향기처럼
진한 풀내음
풍겨주는 이곳엔
왠지 모를
따스함이 스며들고
하얀 엄마 품만큼
아늑한 들녘엔
온통
푸르름에

나의 작은 마음
사로잡혀
싫어도 가야 하는
가기 싫어도 가야만 하기에
그리운 사람
체온이 담긴
이곳에서
풀석 주저앉고 싶어
여기
마음을 남겨 놓고 가노라.

우리는 하나인 것을

수줍어 여민 그대의 마음을
나의 따뜻한 숨소리로 열게 하니
세상은 찬양의 노래요
온 누리는 축복의 너울이어라

애초에 하나인 것을
신의 점지가 있었던 것을
이제야 우리는
입김의 따스함으로 확인했어라

밤 지새우며
긴긴 밀어들을 엮어
활짝 열린 마음에 가득 채우니
그대는 사랑의 샘,
나의 동반자이어라.

그리운 사람

파도가 자유롭게 춤추는 바닷가
저기 수평선 위에
검푸른 물빛 사이로
그리운 사람의 얼굴
파도 타고 실려 올 것만 같아 이곳을 찾는다

평화스런
동심들의 놀이터가 되어 주었던 바닷가에서
무뚝뚝한 그 아이가 입을 열면
이름 없는
낙서하는 시인이 되고 싶어 했던
그는
돛단배 타고 고기 잡는 어부가 되었다

그의
가슴엔
언제나
수정처럼 맑은 공기로 가득 채워져 있었는데
꿈을 이루지 못한 이유는 아직도 알 수는 없다

그리운 사람아
나는
소금 냄새에 흠뻑 절여진 채
바닷가 모래밭에 홀로 서서
옛일로 채울 수 없는 공허한 마음으로
애정에 매달려
우뚝 선 바위처럼 굳어져 온종일 버티고 있다.

喜희

하얀 솜털 훨훨
발가벗은 가지가지마다
생명 돋아 눈꽃 맺힐 때
많은 그리움 가득 채워
수정처럼 맑은 소녀에게
살며시 날려 보내면
기다림에
포근한 분홍빛 사랑 냄새
한 아름 부풀려 퍼져 오리라는
소망 있어

짙은 겨울바람
얼굴이 아리도록 차가워도
기다림은 마냥 즐거워라

무심히 홀로 된 듯
열린 마음 부끄러워
바라보려는
소녀 곁에 가까워질쯤
성숙함보단
나는야 꿈을 먹고 살아가는
커버린 소년인가 보다
아직도 난….

感情감정

진한 녹색 짙게 물들어가듯
우리네 삶도 변화되면서
어렵게만 느껴지는 생활 속엔
아픔과 기쁨
고통과 평온이 반복되니
내면에 있는 충동을 현실에 맞추어
내가 찾으려는 색깔이 있다는 것도
퇴색되지 않으려는 마음의 노력은
참 아름답고 소중합니다

싫고 밉게만 보이는 상대방이
변하기를 기대하지 말고
자신이 소유한 밭을 갈아
마음속에 들어 있는
버릴 것과 남겨둘 것을 가려
본래의 착한 심성으로 되돌아갈 때
생의 긴 행로 속에
수없이 지나가는 온갖 일들이
소중한 시간으로 메워질 겁니다.

秋收추수

서리를 흠뻑 맞아
익을 대로 익어
나뭇가지가 부러질 듯
열렸던
탐스런 감도 다 따냈습니다

몇 가지를 꺾어
나눠 드리고 싶은 마음
가득 메워지는
계절의 문턱에 서면
잃어버린 것도 없는데
무엇인가를 잃은 것만 같은
텅 빈 마음도 함께 합니다

지난 시간 속에서
소유했던
만남과 헤어짐
그 안에
큰 은혜로움으로
축복 받은 오늘을
감사드리며
웃음꽃 활짝 피우렵니다.

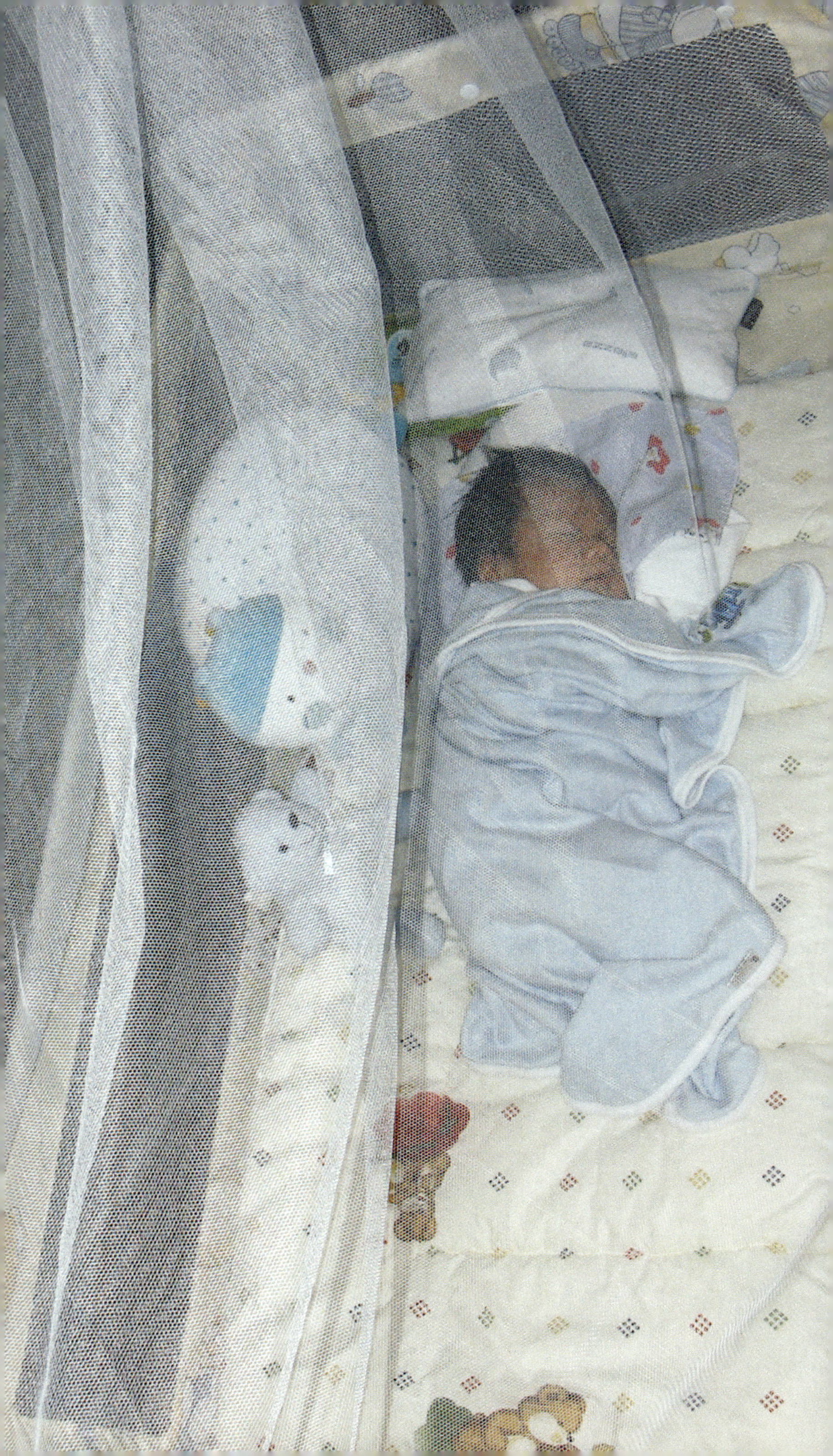

새 생명

긴 기다림 속에서
응애응애
우렁찬 울음소리
초조한 공간은
흥분의 도가니로 채워진다

어느 누구에게나
모두가 소중한 것을
우리가
느낄 수 있는 행복감은
어느 무엇과도 바꿀 수는 없네

작은 천사가 우리 곁에 오니
더욱 밝아진
이 소중한 생명의 신비
우리들의 인연은
기쁨으로 너울너울 춤을 춘다.

"들꽃 향기 가득한 서정의 세계"

— 문복희(경원대학교 국어국문학과 교수)

고운석 시인의 첫 시집 〈향내 가득한 촌가〉는 따뜻하고도 평화로운 서정의 세계를 보여준다. 그의 시가 독자의 마음에 남아 인간적인 공감을 유도하는 것은 현실의 삶에 뿌리를 두고 있으면서도 시골의 정서를 통해 전통 서정시의 아름다움을 계승하고 있기 때문이다. 고운석의 시는 익숙하고 전통적인 시의 정서를 해체하지 않고 그리운 토속적 세계를 그려내고 있다.

고운석의 시에서 특히 주목해야 할 구체적인 특징은 시인의 시선이 시대라는 외부 세계보다는 자기의 내부 또는 함께 사는 다양한 생명들과 인간, 아름다운 자연에 그 초점이 맞추어져 있다는 것이다. 더 나아가 정서의 가장 깊은 심연에 이르러서는 사랑이라는 감정이 그리움과 함께 주조를 이루고 있다. 사랑은 고운석 시인에게 있어서 영원한 고향이며, 가장 순수한 영혼의 핵이다. 그의 사랑은 현실과 과거의 모든 것들을 걸러낸 심연의 근원적 감정이며, 시인이 궁극적으로 보여주고자 하는 시 세계이기도 하다. 실상 시인에게 있어 생명의 가장 핵심적인 가치가 사랑이다.

사랑이라는 시어는 사람의 가장 보편적이면서도 깊은 감정의 영역을 관통하는 서정시의 원초적인 정서이다. 인간 정서의 가장 오래된 양상이며 시적 서정의 원천이다. 그의 시들은 위협적인 언어를 통해 사랑의 절실함을 드러내는 것이 아니라 순하고 맑은 시어를 통하여 소망의 절실함을 보여주고 있다.

고운석의 시에서 눈에 띄는 것은 어린 시절의 시골 풍경이다. 시인이 사랑하는 시골 이미지는 따뜻한 마음이나 사랑, 그리움을 담기에 적절한 세계이다.

깊은 산마을
토담집 창 너머엔
엉클어진 푸른 하늘과
들녘을 가득 메운
저 들꽃은
어김없이 이곳에 다시 살아나서
가끔 누리고

이리저리 노니는
작은 곤충들도
저렇듯 예쁘장한 날갯짓으로
어느 누구도 반겨주는 이 없는
아름다운 세상을
이름 모를 들꽃 향기에

만취되어 춤추고
노래 부르며
그들은
자연의 섭리대로 살아간다

— 〈향내 가득한 촌가〉 전문

시인은 '토담집, 작은 곤충, 이름 모를 들꽃'을 보며 그들처럼 자연의 섭리대로 살아가기를 소망한다. 들꽃 향기 가득한 시골 풍경은 시인의 유토피아이며, 그리움의 영역으로 확대되는 시의 장이다. 시인의 내면에 자리 잡고 있는 이 평화로운 풍경이 그의 상상력의 배경이며 순백의 시골 모습이 그의 시 세계이다. 그의 영혼은 어쩌면 이와 비슷한 세계에서 자연과 동일화 되어 있는지도 모르겠다. 무엇을 소유하려 하거나 욕심 부리지 않는 고운석 시인의 성품은 결벽증에 가까울 만큼 순수하다. 오직 순수한 열정만으로 사진 찍는 일에 평생을 바쳐온 그는 사진작가로서의 길을 올곧게 지켜온 보기 드문 예술인이다. 이러한 시 세계는 그의 사진 예술의 세계와 공유되어 있다. 이것이 메마른 영혼에게 불을 지펴주는 생명성이며 이러한 시골 정서는 고향의 이미지와 함께 그의 시 곳곳에서 찾아볼 수 있다.

내 고향 내음 가득한
시골길
정다웠던 그 길에
넌 이만큼 걸어오고
난 저만치 걸어갔다

그리움 가득한
오랜 친구여
너무도 변했을 모습, 모습들
옛일이 못내 아쉬워
허공 속에 불러본다

— 〈회상〉 전문

그리운 친구들, 정다운 시골길, 어린 시절 고향의 추억들이 소중하고 애절한 기억으로 회상되고 있다. 시인은 어릴 적 느꼈던 순수함 속에서 편안함을 찾고 있으며, 가슴에 담겨진 어린 시절의 소박한 세계로 되돌아가고 싶은 마음을 표현하고 있다. 현실 속에서 변했을지도 모를 고향 친구의 모습이 그래도 보고 싶어 그리움의 미학으로 표출되고 있다. 이러한 그리움의 정서는 그 자신의 존재 의미를 확인하며 그의 시의 주조를 이루고 있다.

붉은 노을 속에 반사되는 억새풀길 거닐 때
초록빛 풀잎 위에 발자국 남겨놓은 흔적을
욕심 부려 애써 찾으려 기웃기웃
자유 잃은 가슴은 마구 두근거려
깊은 숨 내뱉으니 살며시 얼굴에 부딪치는
실바람이 간지러워 뒤돌아보면
지나온 곳에 그리움만 가득 쌓여 있다

억새풀 춤추는 이야기
귓가에 살짝 스쳐가고
나뭇잎 속삭임이 시끄러워 잠시 멈춘 자리엔
추억어린 흔적이 되살아나

어둠이 깃든 보금자리에도
모여진 그리움은 참으로 아름답게 남아있다

— 〈억새풀 추억〉 중에서

옛일
모두 뒤돌아보며
신랑 각시
사랑이야기 기억해 낸들
내 님은 찾아오진 않겠지

남몰래 숨어
눈물로 지새우며
꼭꼭 스며드는
아픔을 참고 참아도
내 님은 보여지지 않겠지

멈추지 못하고 흘러간 세월
인내로 견디며
기다릴 수 있음은
존재하는 것만도 축복이기에

— 〈그리워〉 중에서

산새
풀벌레 모여서 노래하는
싱그런 풀 냄새 가득한
평화스런 계절이 다시 찾아오면
그는
그리움이란 아픔을 되돌려 주고는
또 그렇게 떠나간다

— 〈연가〉 중에서

고운석 시인의 내면적 세계에 자리 잡은 그리움의 정서는 어린 시절의 순정과 연결되면서 아름다운 자연 속에 형상화되고 있다.

〈억새풀 추억〉에서 시인은 '억새풀길을 거닐 때 지나온 곳에 그리움만 가득 쌓아놓겠다'고 고백한다. 모여진 그리움이 참으로 아름다운 것은 사랑의 기억이 바탕이 된 까닭이며 그 사랑을 기다릴 수 있다는 것이 곧 축복이라는 등식을 〈그리워〉에서 보여주고 있다.

이와 함께 고운석의 많은 시 속에서 그의 또 하나의 속성이 순수한 사랑임을 발견할 수 있다. 그의 순정은 그가 어린 시절을 보낸 시골의 소박한 분위기에서 가꾸어진 것이다.

〈그대〉라는 시에서 '무던히도 가슴을 태우던 그녀, 아침 이슬과 꽃망울 같은 그녀가 떠났지만 바라만 보는' 시인의 모습이 오히려 평화로운 정경으로 그려지고 있다. 또한 〈연가〉에서 시인은 '산새 풀벌레 노래하고 싱그런 풀 냄새 가득한 시골의 풍경이 있는 한 사랑이 떠나간 자리에 그리움만 남아있어도 평화의 계절이 된다'고 노래하고 있다. 고운석 시인의 심연세계에는 순진무구한 어린 시절의 시골 풍경이 자리 잡고 있다.

숨 멈추고
살금살금
고추잠자리 잡아
놓칠세라
꽁꽁 동여매고

풀벌레 울음 속에
마음껏 뛰놀던
황토흙
넓은 뜰은
어린 시절
환상의 나라를 편
언제나 아름다운
꿈 많은 밭
이곳에 마음을
남겨놓고 오래도록
동심으로 남으렵니다

— 〈나 어릴 적〉 전문

'풀벌레 울음 속에 마음껏 뛰놀던' 그의 어린 시절은 천진난만한 청정의 세계이며 환상의 나라이다. 현실의 삶 속에서 그가 그리워하고 소망하는 세계가 바로 동심의 세계이다. 그래서 시인은 세월이 흘러도 오래도록 동심으로 남겠다고 고백하고 있다.

이 아름답고 꿈 많은 어린시절의 시골 풍경이 결국 그의 시 속에 녹아 흘러서 샘물처럼 솟아나는 순수한 사랑으로 형상화된 것이다. 그의 시에 주조를 이루는 사랑과 그리움의 미학은 인간과 자연을 사랑하는 고운석 시인의 순수하고 진실한 마음 바탕에서 기인한 것이다.

그는 어린 시절부터 가톨릭 집안에서 성장하여 가톨릭 신자(세례명 요왕)로서 사랑을 실천하며 살아온 신앙인이다. 사진작가 활동과 함께 이미 많은 시 작품을 발표한 경력 있는 분이다. 그렇기 때문에 그의 시 세계는 뚜렷하고 시어가 부드럽고 더없이 깨끗하다. 그의 시는 맑고 순수하다. 또한 그리움과 사랑의 정서를 매끄럽게 녹여 자연스럽게 빚어놓은 것이 한층 돋보인다.

이제 고운석 시인이 이순(耳順)을 맞아 그동안 모아두었던 시 작품을 묶어서 첫 시집 〈향내 가득한 촌가〉를 이 세상에 내놓는다 하니 참으로 의미 있는 출간이 아닐 수 없다.

앞으로, 섬세하고 유연하고 독창적인 이미지 창출로 우리 시단에 새로운 지평을 열어갈 것을 기대하며, 더욱 아름다운 시 세계를 향해 정진하리라 확신한다.